Der **Kiez** zeigt Gesicht

Der **Kiez** zeigt Gesicht

Herausgegeben von
published by

Fotos
Henning Retzlaff

Text
Frauke Tuttlies

KERBER VERLAG

Wir danken dem

Safari - Nachtcabaret
www.safari-hamburg.de

und der Holsten-Brauerei AG
für ihre Unterstützung.

Danke Georg.

778.92
RET

Inhalt   Contents

Vorwort

von Lilo Wanders

Portrait-Fotos sind Momentaufnahmen, aber im besten Fall fassen sie ein ganzes Leben bis zum Moment der Aufnahme zusammen. Dann sehen wir eine Wahrheit, die nicht nur für den Augenblick gilt. Natürlich kann man Fotos manipulieren und man kann mit ihnen manipulieren, aber ich behaupte: Das merkt der Betrachter letzten Endes doch und fühlt sich betrogen. Der Fotograf kann denunzieren und entlarven; dann amüsiere ich mich. Und der oder die Fotografierte kann versuchen, sich hinter Posen zu verstecken; dann durchschaue ich die Glätte und frage nach dem echten Menschen. Ein wahrhaftiges Ergebnis hängt davon ab, ob es dem Fotografen gelingt, eine Verbindung mit seinem Objekt aufzunehmen, und wie weit der oder die Fotografierte vertraut. Wenn ein intimes Vertrauens-verhältnis entsteht, beeinflusst weder das Objekt noch der Fotograf allein das Ergebnis. Dann „blitzen" beide, wenn die Kamera klickt, und dann ist jede Pose oder Retusche unnötig.

Mag also sein, dass man mit Fotografien lügen kann, aber die Bilder in diesem Buch wirken auf mich alle wahrhaftig. Denn die meisten Portraitierten schauen direkt in die Kamera von Henning Retzlaff, und damit schauen sie mich an. Und selbst die Bilder, auf denen das Gesicht nicht zu sehen ist, vermitteln mir eine Zugewandtheit und Offenheit.

Aber es ist der spezielle Blick der St. Paulianer, leicht skeptisch, nicht anbiedernd, abwartend, und dennoch für einen Moment unverstellt. Geschönt ist da nichts, die Gesichter sind so abgebildet wie sie sind. Diese Gesichter könnten schon im nächsten Augenblick anders aussehen, zu einer Maske werden – um damit ein Ziel zu erreichen, ein Geschäft zu machen oder das Gegenüber sonst wie zu beeinflussen.

Es sind halt die Gesichter meiner Nachbarn auf St. Pauli.

Die Unmittelbarkeit dieser Fotografien werden umrahmt von den Texten von Frauke Tuttlies. Nicht nur dem Fotografen haben die Kiez-Bewohner vertraut und sich geöffnet, auch ihr ist es gelungen, eine besondere Situation herzustellen. Grundlage sind Gespräche, und trotzdem sind es keine Interviews. Die Autorin hat ganz subjektiv ihren Eindruck der Begegnungen aufgeschrieben. Mancher Text klingt wie ein Gedicht und selbst die sachliche Wiedergabe von Fakten hat eine poetische Kraft. Mit den Fotografien verbinden sich die geschriebenen Portraits zu etwas ganz Besonderem und vermitteln damit das Besondere der Biografien der Kiez-Bewohner.

Preface

by Lilo Wanders

Portrait photography captures a single moment, but ideally it sums up a whole lifetime up until that moment when the picture is taken. Then we can see more than just a momentary truth. Of course photos can be manipulated and you can manipulate the viewer with photographs, but I would claim: when it comes right down to it, the viewer notices the manipulation and feels cheated. The photographer can denunciate and expose: then I am amused. Or the subject can try to hide behind a pose; then I can see through that and ask about the real person behind the pose. A portrait that shows the truth is dependent on the ability of the photographer to connect to his subject and on the trust that the subject places in the photographer. When an atmosphere of deep personal trust is created, then neither the subject nor the photographer has complete control over the results. Then both shine when the camera clicks, and any pose or re-touching is unnecessary.

So perhaps photographs can lie, but the pictures in this book all strike me as being true. Most of the subjects look straight into Henning Retzlaff's camera, and so they look right out at me. And even those pictures that don't show a face still radiate a feeling of friendly openness.

But it is the special way that the people in St. Pauli look: slightly sceptical, never ingratiating, waiting and still completely natural. Nothing is glossed over, the faces are shown just as they are. A second later, they could look completely different, could turn into a mask needed to reach a certain goal, finish a deal or influence the person they are dealing with in some way.

Those are the faces of my neighbours here in St. Pauli.

The directness of these photographs are accompanied by the texts written by Frauke Tuttlies. It was not only the photographer that the Kiez-residents opened up to. Frauke also managed to create a very special situation. They are based on conversations, and yet they are not interviews. The author has captured her subjective impression of when she met these people. Some passages sound like a poem and even a very straightforward presentation of facts has a poetic power. The written portraits combine with the photos to form something very special and by so doing bring across that something special about the biographies of the people who live in the "Kiez"*.

* the term usually used for Hamburg's red light district

Lady Karenina

Lady Kareninas Affäre mit dem Kiez war kurz.
Länger als zwei Monate hat sie es nicht mit ihm ausgehalten.
Ihm ging es immer nur um Geld.
Er war geizig und gierig,
er verhielt sich ihr gegenüber wie ein Zuhälter.
Der Kiez bestimmte, wo sich Lady Karenina mit ihren Kunden traf,
wie viel Zeit sie ihnen zugestehen durfte
und was sie für ihre Leistungen einnehmen musste.
Dabei ist Lady Karenina eine „Domina".
Das ist nicht nur ihre Veranlagung, das ist eine Passion,
für die sie alles aufs Spiel gesetzt hat.
Da sie ihre Begabung nicht nur im Privaten ausleben wollte,
wechselte sie den Beruf.
Und eine professionelle Domina lässt sich nicht gängeln.
Sie peitscht, beschimpft, bespuckt und tritt ihre Kunden,
das ist noch längst nicht alles.
Lady Karenina liebt das Bizarre.
Sensibel setzt sie die ausgefallensten Fantasien ihrer Gäste um,
darin ist sie eine Meisterin.
Nur sie weiß, wo und wie lange die Behandlung stattfindet,
das ist von Kunde zu Kunde verschieden.
Sie sind für Lady Karenina „kein Stück Vieh,
das ich mal eben kurz bearbeite,
das sind für mich Menschen,
und so möchte ich übrigens auch behandelt werden."
Aber nicht mehr vom Kiez.
Der ist Lady Karenina schlicht zu „abgefuckt", zu „abgestumpft"
und fantasielos dominant.
Der Kiez kann Lady Karenina nichts geben,
und sie will sich von ihm nichts nehmen lassen.
Mit dem Kiez ist sie ein für alle Mal fertig.

Lady Karenina's affair with the "Kiez" was a short one.
She couldn't take it for more than two months.
The "Kiez" was only interested in money.
It was stingy and it was greedy,
it treated her as a pimp would.
The "Kiez" determined where Lady Karenina could meet her clients,
how much time she could spend with them
and what she had to charge for her services.
But Lady Karenina is a "Dominatrix".
That is not just her nature, that is a passion,
for which she has risked everything.
Since she did not just want to live out her talents in private,
she changed her profession.
And a professional Dominatrix doesn't let herself
be lead around by the nose.
She whips, swears at, spits on and kicks her clients, and not just that.
Lady Karenina loves the bizarre.
With a sure instinct she turns her guests strangest fantasies into reality,
she is a master of that art.
Only she knows, where and how long the "treatment" lasts,
and that differs widely from client to client.
For Lady Karenina her clients "aren't just things,
that I work on for a moment,
for me these are people,
and that is how I would like to be dealt with too."
But not by the "Kiez", not any more.
For Lady Karenina the "Kiez" is simply too "shattered", too "indifferent"
an unimaginative dominant.
The "Kiez" has nothing for Lady Karenina,
and she doesn't want the "Kiez" to take anything away from her either.
She is done with the "Kiez".

Lady Karenina   1968 in Hamburg geboren,
seit 1998 als „Domina" in Hamburg und Umgebung tätig

born in Hamburg in 1968, has been working as a "Dominatrix"
in and around Hamburg since 1998

Olav

Sag jetzt bloß kein falsches Wort.
Das ist auf dem Kiez nicht immer einfach.
Denn hier ist Prostituierte nicht gleich Prostituierte.
Nicht jedes Bordell lässt sich mit jedem Puff vergleichen
und es gibt Zuhälter und solche, die es nicht sind.
Olav jedenfalls ist keiner.
Und ist sein „Kastanienhotel" überhaupt ein Bordell?
Man sitzt in einer Bar.
Rotes Licht legt sich über Tresen, Barhocker, Couch, die Gesichter,
die eigene Haut.
Alle sehen gleich aus, man lernt sich kennen.
Auch näher, versteht sich.
Denn das Kastanienhotel ist ein Hotel.
Ein Hotel, in dem man nicht übernachten wird.
Aber die Stunden der Nacht teilen kann.
Es gibt schließlich viele Spielarten des Zeitvertreibs.
Die Prostitution im Kastanienhotel jedenfalls
würde keinen Zuhälter brauchen, meint Olav.
Die Prostituierten, die hier arbeiten würden, wären selbstständig.
Nur das Kastanienhotel, das braucht Olav.
Denn Olav ist sein Hotelier.
Er vermietet die Zimmer an „Gäste".
Und so ist auf dem Kiez nichts wie es scheint.
Je genauer man hinsieht, umso mehr entzieht es sich den Blicken.

Don't say one wrong word.
Not always easy to do in the "Kiez".
Because here a prostitute and a prostitute are not the same thing.
Not every brothel is a whorehouse.
And there are pimps and those who are not pimps.
Olav, at any rate, isn't one.
And is his "Kastanienhotel" a brothel?
You sit in a bar.
Red light gently covers the bar, bar stools, couch, the faces,
your own skin.
Everyone looks the same, you get to know each other.
And naturally you get to know each other a bit more intimately too.
Because the Kastanienhotel is a hotel.
A hotel in which you are not going to spend the night.
But in which you can share the hours of the night.
After all, there are many ways to spend your time.
The prostitution in the Kastanienhotel,
doesn't need a pimp, says Olav.
The prostitutes that work here are independent.
But the Kastanienhotel needs Olav.
Because Olav is the hotelier.
He rents out the rooms to his "guests".
And so nothing in the "Kiez" is the way it seems.
The closer you look at the "Kiez", the harder it is to see it.

Olav 1962 geboren, lebt seit 1980 in Hamburg, ist seit 2000 Besitzer des „Kastanienhotel"

born in 1962, has been living in Hamburg since 1980, owner of the "Kastanienhotel" since 2000

Nina

Küss keinen Freier.
Ninas Gesicht bleibt vom Schatten verborgen.
Stattdessen lässt sie ihren Körper sprechen.
Darin ist sie professionell.
Denn so ein viel versprechender Körper
braucht einen kühlen Kopf -
Nina führt Regie:
"Du bleibst einfach in einer Position,
in der Dein Gast Dein Gesicht nicht erkennen kann.
Du sagst ihm, er soll Deinen Hintern streicheln, weil Du das magst.
Dann ist er beschäftigt, und Du machst es ihm mit der Hand.
Die Kondome sind ja heutzutage so dick,
der Gast merkt den Unterschied doch gar nicht."
Nina verstand sich auf ihr Handwerk.
ihre Gäste kamen immer wieder,
sie waren zufrieden.
Trotzdem hatte sie das Versteckspiel irgendwann satt.
Sie wechselte in den bizarr erotischen Bereich
und zeigte nun ihr zweites Gesicht.
Jetzt gibt Nina die "Domina", eine perfekte Rolle,
in die sie wie hinter eine Maske schlüpft, die sie benutzt,
um die Distanz zum eigenen Körper,
zu ihrem Liebesleben
noch zu vergrößern.
So hilft der Kiez Nina ihr Geheimnis zu wahren: ihr schönes Gesicht.

Never kiss a punter.
Nina's face remains hidden in the shadows.
Instead, she lets her body speak.
She is a professional at that.
Because a promising body like hers
needs to keep a straight head -
Nina is in charge:
"You simply stay in a position,
in which your guest can't read your face.
You tell him, he should caress your ass, because you like that.
Then he is busy, and you do a hand job on him.
Today condoms are so thick,
that he never notices the difference."
Nina was good at her profession.
Her guests came back time and again,
because they were satisfied.
And still, after a while, she grew tired of hiding.
She changed over to bizarre erotica
and now she shows her second face.
Now Nina plays the "Dominatrix", a perfect roll,
like putting on a mask, a mask she uses
so that the distance to her own body,
to her own love life
is even larger.
The "Kiez" helps Nina to keep her secret: her beautiful face.

Keine Angaben

No information

Angela

Haare sind Erotik.
Der Kiez liebt sie kunstvoll, verwegen.
Die Prostituierten vom Kiez kennen ihre Wirkung.
Und Angela kennt ihre Prostituierten.
Sie weiß, wann die Mädels ihre Tage haben,
welche Freier sie bevorzugen
und um welche sie konkurrieren.
Dieses Wissen gäbe ihr Macht.
Die Geständnisse wären Möglichkeiten.
Aber Angela ist Friseuse.
Sie setzt auf die Macht der Haare.
Sie rückt ihren Kundinnen den Kopf zurecht
und macht jede zur Schönsten der kommenden Nacht.
Wenn Angela den Geschmack der Freier trifft,
läuft das Geschäft.

Hair is erotic.
The "Kiez" loves to have them done in style, daring.
The prostitutes from the "Kiez" know the effect they can have.
And Angela knows her prostitutes.
She knows,
when the girls have their period,
which clients they like and which ones they compete for.
All this knowledge could give her power.
Confessions could be possibilities.
But Angela is a hairdresser.
She places her faith in the power of hair.
She sets her client's heads straight
and makes them the most beautiful of the coming night.
When Angela hits the taste of the punters,
then the business goes well.

Angela 1965 in Hamburg geboren, arbeitet seit 23 Jahren
als Friseurin auf dem Kiez, ist seit 2000 Geschäftsführerin des
Friseursalons „Beauty Case"

born in Hamburg in 1965, has been working as a hairdresser in the "Kiez"
for 23 years, manager of the hairdressers "Beauty Case" since 2000

Andreas Schenkat

Es gibt versteckte Orte, nach denen man lange suchen muss.
Geheimnisvoll,
weil niemand weiß, was sich dort wirklich abspielt.
Verboten,
weil niemand wissen soll, dass man dort war.
Namenlos,
denn sie geben sich nicht mal auf der Abrechnung zu erkennen.
Vergessen,
bis man verstohlen an sie zurückkehrt.
Seit Schenkat ist mit dem Versteckspiel Schluss.
Er hat dem Verbot seinen Reiz genommen,
keiner muss sich mehr schämen.
In Hamburg machte er den Table Dance salonfähig,
sein Haus hat einen Namen.
In das „Dollhouse" schaut jeder irgendwann mal rein.
Hier lässt man sich gerne blicken,
in aller Öffentlichkeit,
denn wer den nackten Tatsachen ins Auge sieht,
kann mitreden, nicht nur was den Kiez angeht.
Das Dollhouse ist für Junggesellenabschiede oder Geschäftstreffen,
aber auch für den Kaffeeklatsch der Damen geeignet.
Es gehört zum Pflichtprogramm der Hamburg-Touristen,
und demnächst findet man diese Örtlichkeit auch im World Wide Web.
So kommt der Strip als e-postcard direkt in die Mailbox der Kollegen.
Dann landet er neben der Krawatte auf dem Geburtstagstisch.

There are hidden places. You have to look hard to find them.
Mysterious,
because nobody really knows what goes on there.
Forbidden,
because nobody is supposed to know that you were there.
Places without a name,
where not even the receipt tells you what goes on there.
Places you forget,
until you quietly, secretly go back again.
Schenkat put an end to the childish cloak and dagger secrecy.
He took the forbidden out of the forbidden fruit, now nobody has to
be ashamed.
In Hamburg, he made Table Dance socially acceptable,
his establishment has a name you can trust.
Everybody goes to the Dollhouse at some time.
It's a place where people like to be seen, a public place
because those people, who look the bare facts in the face,
can talk openly about what's happening, and not just in the "Kiez".
The Dollhouse is there, for a stag night or a business meeting,
or for the ladies next afternoon tea.
It's a must for tourists,
and soon you will be able to find it in the world wide web.
Then the strip comes in the form of an e-postcard - straight to your
colleague's mailbox.
And ends up as a birthday present right beside the new tie.

Andreas Schenkat   1967 in Hamburg geboren, Automatenaufsteller in Kiez-Betrieben, Vermietung verschiedener Immobilien auf dem Kiez, seit 1997 Inhaber der Strip-Dance-Bar „Dollhouse"

born in Hamburg in 1967, sets up vending machines in the "Kiez", rents out various forms of real estate in the "Kiez", since 1997 owner of the Strip Dance Bar "Dollhouse"

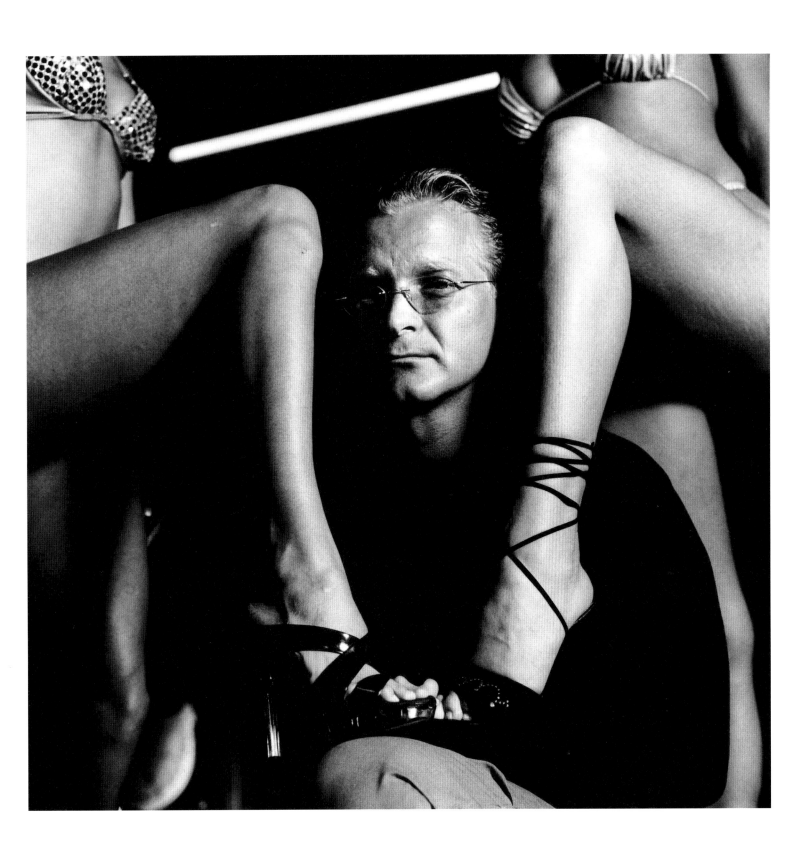

Srecko

Der ehemalige Herrenschneider legt viel Wert auf sein Äußeres.
Er trägt sein Markenzeichen eingebrannt auf dem kahlen Schädel:
Das Händchen - fürs Business? - und das Auge - für die Verführung?
Ein Tattoo, auf das Srecko stolz ist.
Er liebt Outfits, die schockieren.
Wenn er sich auf der Bühne des "Dollhouse"
Kerzenwachs in den Mund gießt,
um ihn ins Publikum zu spucken,
dann tut Srecko das, weil es ihm steht.
Er findet, das passt zu seinem Gesicht.
Elementare Gewalten wie Wasser, Feuer und Eis
sind die Bühne seiner Selbstbespiegelungen.
Wenn er sich mit der Flex die postmoderne Rüstung poliert,
fließt schon mal Blut. Sein eigenes.
In welcher Pose Srecko sich auch zeigt
und sei es ganz klassisch beim Table Dance –
immer inszeniert er seinen Körper.
Das macht ihn zur Kultfigur des Kiez und zu der seiner Models.
Die sind schließlich auch: made by Srecko.
Für den Kiez interessiert sich Srecko ansonsten nicht.
Wenn überhaupt, dann ist der Kiez für ihn das Dollhouse.
„Und das Dollhouse", sagt Srecko, „bin ich."

The former men's tailor places a lot of value on his appearance.
He carries his brand burned into his bald head: The hand
- for business? - and the eye - for seduction?
A tattoo, that Srecko is proud of.
He loves outfits that shock.
When he is on stage at the "Dollhouse"
and pours candle wax into his mouth
to then spit it into the audience,
then Srecko does that, because it suits him.
He thinks it suits his face.
Elementary forces such as water, fire and ice
are the stage for his egocentricities.
When he uses an angle grinder to polish his post-modern armour,
blood may flow. His own.
In whichever pose Srecko shows himself
even if it is the standard table dance -
he always makes a show out of his body.
That makes him a cult figure in the "Kiez" and of his models.
After all, they are also: Made by Srecko.
Other than that, Srecko isn't interested in the "Kiez".
If at all, then for him the "Kiez" is the Dollhouse.
"And the Dollhouse", says Srecko, "is me."

Srecko Acimovic   1964 geboren, zog 1987 nach Hamburg
und ist seit der Eröffnung des "Dollhouse" künstlerischer Leiter
der Strip-Dance-Bar

born in 1964, moved to Hamburg in 1987 and is since its opening
the artistic director of the Strip Dance Bar "Dollhouse"

Ernie Reinhard

sie war er   empfing mich ich saß im gestreiften ohrensessel mit blick auf sein überdimensionales bett in dem er immer nicht schlafen kann weshalb er so manchen abend zwei flaschen wein trinkt um zu vergessen die vielen lieben die in seinen armen gestorben ja auch gestorben sind jetzt hat er vor nichts mehr angst trotz seiner übergroßen sensibilität mit der er als mann so unmännlich erscheint zarte lilofee hat keine angst nicht wie früher ein kleines hochbegabtes emphatisches intelligentes kind dem angst eingebläut ist vom opa vor den männern zieht sich mit abgebrannten streichhölzern die augenbrauen nach verreibt rosenblätter auf den wangen und schrubbt sich die lippen mit einer trockenen zahnbürste so lange bis sie dunkelrot sind orientiert sich an frauenbildern an der kindlichen mutter und der mächtigen großmutter und da sein vater stirbt wird lilo mit 5 jahren erwachsen und wie er sagt mutter zur mutter für seine mutter er war ihre gute mutter lilo und ist es immer noch und nicht nur für sie denn wer ist lilo so viel wärme und mütterlichkeit nicht nur weil der sender es so will lilo die alles verstehende die alles tolerierende mutter der seltsamen vorlieben mutter der verbotenen liebe mutter des kiez und das geht zu hause weiter wo wir jetzt sitzen bei lilo zu hause auf dem kiez wo lilo viele jahre versucht hat den schwarzen ritter im kopf seines freundes zu besiegen den ritter der darauf aufpasste dass sein freund nichts fühlte den hat lilo mit liebe erschlagen doch der ritter kam zurück und hat fast die ganze familie zerstört lilos frau lilos sohn lilos tochter denken mit schrecken an diesen freund dem lilo mit nibelungentreue zur seite stand er hat ihn durch die finsternis begleitet lilo der engel ich bin ein medium sagt lilo weißglühend vor zorn weißglühend vor liebe dieses bett und jetzt hat er wieder so einen freund der mit der ganzen familie in den urlaub fährt wie lilos mutter übrigens auch und der freund ist wieder so ein moses im körbchen dieses bett in dem er ab und zu mit frauen hat er ja immer nur emotionale one night stands dann ist eine geschichte beendet das ergibt sich so zufällig wie ein gespräch wie unser gespräch frauke ich fummel nervös an meiner x-ten zigarette rum mir ist schon ganz schlecht und der kaffee den sein sohn aus der unteren wohnung brav nach oben bringt gibt mir den rest ich werde diese nacht nicht schlafen können lilo spricht und spricht dann soll ich den recorder ausschalten gehört das zur show weil nicht alles ist für die öffentlichkeit bestimmt alles von sich preisgeben heißt nichts mehr zu haben als lilo dann auch noch in tränen ausbricht gehört das zum programm bin vollends verwirrt und keine ahnung was ich über diesen mann schreiben werde:

Ernie Reinhardt Schauspieler, verheimlicht mir sein Alter, seit 1979 in Hamburg, war Mitglied der Theatergruppe "Familie Schmidt" und ist Mitbegründer des "SCHMIDT-Theaters", moderierte als Darsteller von Lilo Wanders von 1994 bis Ende 2004 die Sendung "Wa(h)re Liebe"

she was he   welcomed me i sat in a stripped easy chair looking at the oversized bed in which he can't sleep which is why on some evenings he drinks two bottles of wine so that he can forget how many lovers have died in his arms yes even died now he is not afraid of anything anymore despite the enormous depth of his emotions that make the man seem so un-manly the delicate lilo is not afraid not like long ago the small gifted emphatic highly intelligent child whose grandfather taught him to be afraid of men uses burned out matches to blacken his eyebrows rubs rose petals on his cheeks and scrubs his lips with a dry toothbrush until they turn dark red has female role models the child-like mother the authoritative grandmother and because his father dies lilo is grown-up at the age of five and as he says a mother for his mother for his mother he was her good mother lilo and he still is and not just for her because who is lilo with so much warmth and motherly love not just because that's the way the station wants it lilo the understanding the tolerant mother the mother with strange preferences the mother of forbidden love the mother of the "Kiez" and that continues on at home where we are sitting now at lilo's home in the "Kiez" where for many years lilo tried to win out against the black knight who was inside his friend's head the knight who made sure that his friend felt nothing lilo fought him off with love but the black knight came back again and almost destroyed the whole family lilo's wife lilo's son lilo's daughter remember this friend with a sense of horror the friend that lilo stood by with unshakable loyalty he accompanied him through the darkness lilo the angel i am a medium says lilo burning in anger burning in love this bed and now he has a friend again who goes on holiday with the whole family just as lilo's mother does too by the way and again this friend is another moses in the basket this bed in which he occasionally with women he only has emotional one night stands then it's over that just happens just like a conversation like our conversation frauke i nervously finger my umpteenth cigarette i already feel queasy and the coffee that his son politely brings up from the apartment below finishes me off i will not be able to sleep tonight lilo talks and talks and then says that i should turn off the recorder does that belong to the show because not everything is meant for the general public to tell everything means not having anything more than just lilo then as lilo starts to cry does that belong to the programme i am completely confused and have no idea what i am going to write about this man:

actor, didn't disclose his age, has lived in Hamburg since 1979, was a member of the theatre company "Familie Schmidt" and co-founder of the "Schmidt-Theater", in the role of Lilo Wanders, he moderated the programme "Wa(h)re Liebe" from 1994 until the end of 2004

Corny Littmann

Für das „Schmidt-Theater" haben ihm selbst gute Freunde
nur sechs Monate gegeben. Das ist fünfzehn Jahre her.
In diesen fünfzehn Jahren ist das Schmidt-Theater zu dem geworden,
was es von Anfang an sein sollte:
das traditionelle Theater der Reeperbahn.
Die so genannte leichte Muse war in St. Pauli
ja schon immer beheimatet. Allein in den dreißiger Jahren
gab es hier sechzig Volks- bzw. Unterhaltungstheater.
Aber nicht nur das Schmidt-Theater
und inzwischen auch das „Schmidts Tivoli" sind authentisch Kiez.
Auch Corny Littmann gehört zum Kiez-Inventar.
Er hat nicht nur „ein gesundes Verhältnis zur Prostitution",
er behauptet sogar, sich selbst zu „prostituieren".
Immer dann, wenn er auf der Bühne steht.
Denn da unten im Publikum „da sitzen gelegentlich auch Saftsäcke,
und Du hast keine Lust zu spielen. Denen kannst Du nicht sagen,
Du kannst rein und Du bleibst draußen,
weil mir Dein Gesicht nicht gefällt."
Statt dessen gibt Corny Littmann auf der Bühne sein Bestes,
das ist sein Beruf. Und weil er jedem alles gibt, verkauft er sich.
Prostitution sei dafür nur ein besseres Wort, meint Corny Littmann.
Neulich hat sich Corny Littmann,
längst auch bekannt als der schwule Präsident des FC St. Pauli,
auch auf der Straße bühnenreif präsentiert.
Auf dem Christopher Street Day trat er als blonder Lockenkopf auf
und reihte sich im extravaganten Fummel in die Parade ein.
Elf verspielte Fußballer haben ihn dabei hofiert,
„Elf Freunde und eine Präsidentin"
hieß die Bildunterschrift in der Zeitung,
das ist Theaterkunst in St. Pauli.
So prostituiert Corny Littmann immer wieder seine Leidenschaft.
Und Leidenschaft trifft man selten in St. Pauli.

Even friends said that the "Schmidt-Theater"
wouldn't last more than six months. That was fifteen years ago.
In those fifteen years, the Schmidt-Theater has become
exactly what it was supposed to be, right from the very start:
The traditional theatre on the Reeperbahn.
St. Pauli has always been the home of cabaret and variety shows.
In the 1930's there were sixty stages offering cabaret,
variety and vaudeville.
But not only the Schmidt-Theater and the slightly newer "Schmidts Tivoli"
have become real "Kiez" institutions. Corny Littmann has too.
Not only does he have "a healthy attitude towards prostitution",
he even claims that he himself goes out and sells his hide.
Every time he stands on stage. It's because of the audience:
"we occasionally have the punters down there,
and then you have no desire to perform.
But you can't stand there and say,
you can come in and you can't because I don't like your face."
So Corny Littmann stands on stage and gives it all he's got. That's his job.
And because he always gives his best, he sells himself.
Prostitution is simply a better word for what he does,
says Corny Littmann.
A little while ago Corny Littmann,
now also renowned as the gay president of the football club FC St. Pauli,
put on a professional performance on the street.
At the Christopher Street Day parade he showed up as a curly-headed
blond and took part dressed in an extravagant drag outfit.
Eleven playful football players were his royal court,
"Eleven friends and a female president"
was the caption in the newspaper,
that's the art of theatre in St. Pauli.
So Corny Littmann keeps on prostituting his passion.
And passion is rare in St. Pauli.

Corny Littmann   1952 geboren, ist seit dem Abitur in Hamburg,
eröffnete 1988 als künstlerischer Leiter mit drei weiteren Gesellschaf-
tern in St. Pauli das „Schmidt-Theater" und 1991 u.a. mit Prof. Norbert
Aust das „Schmidts Tivoli", wurde 1999 Hamburger Unternehmer des
Jahres, ist seit 2002 Präsident des FC St. Pauli

born in 1952, in Hamburg since graduating from school, in 1988, together
with three business partners, opened up the "Schmidt-Theater" in St. Pauli
and worked as its artistic director and in 1991 together with, among others,
Prof. Norbert Aust the "Schmidts Tivoli", was named Hamburg's entrepre-
neur of the year 1999, president of the football club FC St. Pauli since 2002

Hanne Kleine

Nicht jeder traut sich
durch die gespreizten Schenkel,
durch den schmalen Spalt ins Innere der „Ritze".
Dort wartet im Halbdunkel eine zwielichtige Gestalt: Hanne Kleine.
„Ich geh mal eben Zigaretten holen", so beginnen diese Geschichten.
Da war Hanne gerade mal 22 Jahre alt. Und es war Sonntag. Vormittag.
In Flanellhose und Pantoffeln verließ er seine Frau,
stand auf der Straße, tauchte bei Freunden unter.
In einem Hinterzimmer haben sie ihn am selben Tag noch eingekleidet
und gleich wieder auf die Straße geschickt.
Schon am Abend, spätestens in der Nacht war er drin,
im Geschäft mit der Prostitution.
So hat Hanne sich durchs Leben geboxt.
11/2 Jahre für Körperverletzung.
Er hat seine Strafe abgesessen, er war so frei.
Heute lässt er andere für sich boxen, hier in der Ritze.
Denn der Hanne ist noch vom alten Schlag.
Und das bekommt jeder auf dem Kiez früher oder später zu spüren.

Not everyone dares
to go through the wide spread legs,
and through the small slit to get inside the "Ritze".
There, in the twilight, waits a shady being: Hanne Kleine.
"I'm just going to go out to get some cigarettes" is how these stories start.
Back then Hanne was just 22 years old. It was a Sunday. Morning.
In flannel pants and house shoes he left his wife
was out on the streets, hid out at friends.
In a back room they gave him some clothes
and sent him right back out onto the streets.
That evening, or at the latest that night he was in business,
the business of prostitution.
So Hanne boxed his way through life.
11/2 years for bodily harm.
He spent his time, he took the time.
Today he lets others do the boxing for him, here in the Ritze.
Because Hanne is from the old school.
And sooner or later everyone in the "Kiez" notices that.

Hans Joachim Kleine 1932 geboren, ist Ende der sechziger Jahre nach Hamburg gekommen, und seit 1972 Besitzer der Milieukneipe mit Boxkeller „Ritze"

born 1932, came to Hamburg at the end of the 60's, since 1972 owner of the "Ritze", a bar with a boxing ring in the basement

René Weller

Zwei schlagende Argumente haben René Weller auf den Kiez gebracht:
das Boxen und die Frauen.
Denn das Boxen gehört zum Kiez wie der Kampf ums Überleben.
Dass der Stärkere siegt, ist hier Naturgesetz, auch wenn über den Erfolg
der Geschäfte nur noch selten das Faustrecht entscheidet.
So hat René Weller manchen Boxenstopp in der „Ritze" eingelegt
und dabei als „der schöne René" die Frauen erobert.
Ausgerechnet eine Frau hat ihn dann „reingelegt".
"Hässlich war sie", wie die Nacht, und "eine Schlampe".
Sie war ein Lockvogel der Polizei und überredete ihn,
Koksgeld in Empfang zu nehmen. „Dabei hatte ich mit Drogen
nichts zu tun. Ich wollte ihr nur einen Gefallen tun."
Armer René. Im Gefängnis begann für ihn der wirkliche Überlebenskampf.
Aber „das Leben ist der beste Lehrermeister" und Not macht erfinderisch:
„7 qm ist meine Zelle klein,
mein Bad zu Hause dürfte dreimal größer sein.
Eine Stunde am Tag darf ich aus derselben gehen,
nicht menschenwürdig, kaum zu verstehen.
Was ich jetzt sage kommt leicht aus dem Mund,
so hält man in Deutschland keinen Hund.
Nie hab ich es vergessen, ich bin hier kein Gast,
man hält mich für einen Kriminellen, und ich bin im Knast."*
Mittlerweile wieder auf freiem Fuß
schwingen René Wellers Fäuste nicht mehr so leicht.
Die Aggressivität hat der ehemalige Boxweltmeister im Superfedergewicht
im Gefängnis gelassen. Boxen will er in Zukunft nur noch zum Spaß.
„Ohne Sparring, da will man keinem mehr wehtun,
da geht der Killerinstinkt verloren."
Bleiben die Frauen, bleibt „Miss Barbie Deutschland".
Auf dem Schoß des Superfedergewichtes wirkt sie überlebensgroß,
geradezu erschlagend.
René Weller ist sich schließlich treu geblieben.
Mit einer Partnerin, die nicht nur aussieht
wie die fleischgewordene Kopie der blonden Anziehpuppe,
sondern auch wie eine Schönheit vom Kiez.

* Auszug aus einem Gedicht von René Weller

René Weller   1953 geboren, wurde 1981 Boxweltmeister im Feder-
leichtgewicht und 1982 Europameister im Leichtgewicht, war 25 Jahre
deutscher Meister, zwischenzeitlich boxt er immer wieder in der
„Ritze" auf dem Kiez

Two knockout arguments brought René Weller to the "Kiez":
Boxing and women.
Because boxing belongs to the "Kiez" just like the fight to survive.
That the stronger one wins, is a natural around here even if today
the success of your business rarely depends on the strength of your fists.
So René Weller often stopped by the "Ritze"
where "the handsome René" swept the women off their feet.
There is a bit of irony in the fact that it was a woman that "got him".
"She was ugly" as ugly as the night and "a slut". She was a lure
put out by the police and talked him into taking money
that had been used for cocaine.
"I didn't have anything to do with drugs. I just wanted to do her a favour."
Poor René. In prison is where his real struggle to survive began. But
"experience is the best possible teacher" and necessity the mother of invention:
"7 square metres is the cell where I lay my hat,
my bathroom at home is three times bigger than that.
I can leave my cell for an hour a day,
I can't understand, why they treat humans that way.
My lips can easily form, what I am about to say,
but in Germany they wouldn't even let you keep a dog that way.
I have never forgotten that I am not a guest here in this little corner of hell,
they think I'm a criminal, and I'm doing time in my prison cell."*
Now, now that he is back outside again,
René Weller's fists don't swing as easily as they used to. The aggressiveness
of the former world Super Featherweight boxing champion,
he left that in prison. In future,
boxing is something that he only wants to do for fun.
"Without sparring, you don't want to hurt anybody,
you lose the killer instinct."
What's left are the women, "Miss Barbie Doll Germany".
On the lap of the Super Featherweight she seems larger than life,
completely overpowering.
René Weller has remained true to himself.
With a partner, who doesn't just look like the incarnation of the blond doll,
but also like one of the "Kiez" beauties.

* Excerpt from a poem by René Weller

born 1953, was World Feather Lightweight Boxing Champion in 1981 and
European Lightweight Boxing Champion in 1982, was German Champion
for 25 years, in the meantime he repeatedly goes boxing in the neighbour-
hood pub with a boxing ring in the basement "Ritze"

Blues

Film ab. Rockmusik, „Easy Rider".
Das ist das Leben.
Wie es einem Mann zusteht.
Das Motorrad gesattelt, vor sich die Freiheit der Straße
– Schnitt –
den Kiez.
Solche Helden gibt's nicht nur in Amerika, unbegrenzte Möglichkeiten
kann man sich auch in Deutschland erobern.
Und so wie es im Film die kleinen Drogendealer sind,
die gegen die Spießer rebellieren,
waren es auf dem Kiez die „Hells Angels",
gegen den Rest der Welt.
Drei Bordelle hat Blues gehabt.
„Wir hätten vielleicht nicht zusehen sollen,
wie einige der Mädels behandelt wurden", erzählt er,
der Rest ist Schweigen.
Das liegt an den Brüdern, meint Blues.
„Ein Bruder bewahrt Stillschweigen nach außen,
bis in den Knast. Bis in den Tod."
Blues Brothers. Dafür hat er acht Jahre gesessen.
Mit der Bruderliebe ist es jetzt schwierig geworden auf dem Kiez,
die Hells Angels wurden in Hamburg verboten.
Aber wer den Blues hat, lässt sich nichts verbieten.
Wer kann das schon verstehen, das Lebensgefühl,
das dahinter steckt: Easy Rider.
„Das war keine Jugendtorheit von mir", sagt Blues,
„ich sterb' damit."

Let the film roll. Rock music, "Easy Rider".
Now that's living. Living as a man should.
The motorbike is saddled
and straight ahead there is the freedom of the open road
– Cut –
the "Kiez".
America isn't the only place you can find heroes like that,
limitless opportunities can be had in Germany too.
And just like the film, where it was the small time drug dealers
that rebelled against middle-class mediocrity,
in the "Kiez" it was the "Hells Angels",
against the rest of the world.
Blues had three brothels.
"Maybe we shouldn't have stood by and watched
the way some of the girls were treated", he says,
and the rest is tight-lipped silence.
In Blues opinion it's because of the brothers.
"A brother keeps things to himself when talking to outsiders
even in jail. Right up to his death."
Blues Brothers. That's why he was behind bars for eight years.
Brotherly love has become a bit more difficult here in the "Kiez",
the Hells Angels were declared illegal in Hamburg.
But if you've got the Blues,
you're not going to let anyone tell you you're illegal.
Who can understand that feeling: Easy Rider.
"That wasn't a kid's craze", says Blues,
"I'll keep it with me until my dying day."

Rainer Kopperschmidt „Blues", 1951 in Hamburg geboren, ist seit 1973 Mitglied des Motorrad-Clubs „Hells Angels"

"Blues", born in Hamburg in 1951, member of the Motorcycle Club "Hells Angels" since 1973

Rolf von Hardenberg

Wenn Sie vorne beim Millerntor anfangen und geben 25 Cent,
dann sind Sie in der großen Freiheit bei 25 bis 50 Euro,
so oft wird man angequatscht.
Ständig ist irgendwo Randale und die Leute pinkeln in die Ecken.
Vor 30 Jahren hatte das in St. Pauli alles noch Stil.
Der Sex war prickelnde Erotik und die Gewalt gehörte zum guten Ton.
Im Club 88 auf der Reeperbahn wurde einmal im Monat geschossen.
Dann standen die Wodkaflaschen auf den Tischen und da waren sie,
die Herren mit der Rolex und vor allem: ihre Mädels.
Im verbotenen Viertel war alles erlaubt,
jeder hatte sein eigenes Gesetz.
Das gab dem Kiez seine vielen Gesichter
und der Erotik den verführerischen Körper.
Auf dem Kiez wurde das Bett nie kalt.
Das Eros Center lief über, sie haben in drei Schichten gearbeitet,
ein Bett wurde durch drei geteilt.
Aus Rotlicht ist Neonlicht geworden,
aus dem ältesten Gewerbe der Welt ein moderner Dienstleistungsbetrieb.
Die sündige Meile hat sich in einen Verkehrsträger verwandelt
übrig bliebt ein großes Pissoir.
Neulich im Laden war da ein Pärchen.
Das Mädel in einem Trenchcoat,
man ahnte, sie trug nichts drunter.
Sie wollten gemeinsam was anprobieren,
gingen in die Kabine und eilten wieder raus.
Sie hatten in der Kabine uriniert.
Dem, der ihren Dreck dann weg macht, hilft auch nicht,
dass das Mädel ihm beim Rausgehen noch gezeigt hat:
Sie hatte tatsächlich nichts drunter.
Mag sein, der Kiez besteht bald nur noch aus diesem Rest
der großen Freiheit – und das war's dann auch.

If you start at Millerntor and give 50 cents,
then by the time you reach Große Freiheit you will be out 50 to 100 Euros,
that's how often you get asked.
There is always a fight somewhere, and people piss into the corners.
Thirty years ago everything in St. Pauli still had style.
Sex was thrillingly erotic and violence belonged to the etiquette.
In the "Club 88" on the Reeperbahn shots were fired once a month.
The vodka bottles were out on the tables and they were there,
the men with their Rolex and above all: with their girls.
In the forbidden quarter everything was possible.
Because everybody had their own law.
That gave the "Kiez" its many faces.
And it gave eroticism its seductive body.
In the "Kiez" a bed never got cold.
The Eros Centre was filled to the brim, they worked in three shifts.
A bed was shared by three. Then red light became neon,
and the oldest profession in the world
became a modern service industry.
The "sinful mile" has turned into a transportation artery
what's left is a giant urinal.
The other day a couple came into the store.
The girl was wearing a trench coat,
you could guess she wasn't wearing anything underneath.
They wanted to try something on together,
went into the change room and ran out again.
They had urinated onto the floor.
It didn't help the person who had to clean up their dirt,
that on the way out the girl showed him
that she really didn't have anything on.
Perhaps the "Kiez" will soon only be made up of these leftovers
of the "Große Freiheit", the big freedom - and then that was that.

Rolf von Hardenberg   1949 in Hamburg geboren, ist seit 1979
Besitzer des Dessous- und Modegeschäfts „Easy Rider"

born in Hamburg in 1949, since 1979 owner of the Lingerie and
Fashion store "Easy Rider"

Volkert Heisler

Man muss ihm nur zuhören, dann gibt es sie wieder:
Die Perlen vom Kiez und die Broschen. Sie sind meist weiblicher Natur.
Es gibt aber auch das Seeräubergold mit seiner Schatzkiste:
ihren Juwelier. Und den kannten sie alle.
Er hat den Luden die Rolex verkauft,
den Freiern so manches teure Stück,
und den Damen der Herbertstraße hat er verraten,
was der Schmuck wert war.
Die Matrosen suchten bei ihm das Glück,
ihre Bräute tauschten die Ringe zurück,
sobald ihre Liebsten Hamburg verlassen hatten.
Aus den Frachtschiffen, die eine Woche lang im Hafen lagen,
sind Containerschiffe geworden,
die nach drei Stunden wieder in See stechen.
Und die Zuhälter-Verbindung gibt es auch nicht mehr.
Sie wurde von der Polizei zerschlagen.
Jetzt kennt er keinen mehr. Alles ist ihm fremd.
Man schwärmt eher in München vom Kiez.
Es sind die Auswärtigen, sie wohnen im Vier Jahreszeiten
und suchen und finden hier die große Freiheit.
Der Hamburger pflegt da eher ein Vorurteil. Wenn der hört,
dass er mit einer Filiale auf der Reeperbahn verbunden ist,
dann heißt es nur: „Oh Gott".
Dabei ist der Kiez „keine große Mördergrube",
sagt der Juwelier und schwitzt.
Hier ist zwar nicht alles Gold, was glänzt,
aber dunkle Geschäfte kennt er nicht.
Tagsüber ist die Reeperbahn für ihn „eine normale Geschäftsstraße".

You just have to listen to him and then, there they are again:
The pearls of the "Kiez" and the broaches. They are usually feminine.
But there is also the pirates gold and its treasure chest:
their jeweller. And they all knew him.
He sold the pimps their Rolex watches,
and many an expensive piece to the punters
and he confided to the ladies who worked in the Herbertstraße,
what the jewellery was worth.
The sailors came to him looking for happiness,
their brides brought the rings back again,
as soon as their loved ones had left Hamburg.
The freighters that stayed in the harbour for a week
have become container ships
that go back out to sea after a three hour stay.
And the connection to the pimps is no longer there either.
That was broken up by the police. Now he doesn't know
anyone any more. Everything has become foreign.
It is more likely to be the people in Munich that rave about the "Kiez".
Those who come from somewhere else. They live in the Four Seasons
and they look for, and find, that certain freedom.
The native Hamburger likes to keep certain prejudices alive.
When they hear that he has a store on the Reeperbahn,
then the only response is: "Oh my God."
But "the Kiez isn't a den of thieves", says the jeweller and sweats.
Not everything that glitters here is gold,
but he knows no shady dealings.
In his eyes, during the day the Reeperbahn
"is a normal business street."

Volkert Heisler   1944 geboren, lebt seit 1966 in Hamburg, war von 1970 bis 2003 Geschäftsführer der Firma „Wempe" auf der Reeperbahn

born in 1944, has been living in Hamburg since 1966, was manager of "Wempe" on the Reeperbahn from 1970 until 2003

Rudolf Toboll

Auf dem Astra ist es zu sehen: Das Herz von St. Pauli.
Ein gutes Bier dauert hier 7 Sekunden.
Entlang der Reeperbahn folgt man,
die Flasche in der Hand,
den Bordsteinschwalben.
Sie haben schon immer inspiriert.
Sie waren die Musen der Dichter, Maler und Musiker,
erinnert Herr Toboll,
der auch heute noch ein Herz für St. Pauli hat.
Das ist ihm heilig: „Sacré Cœur", sagt er
und steigt in Gedanken die Treppen hoch,
hinauf zur Kirche.
„Montmartre", er wagt den Vergleich.
Vergleicht das Tor zur Welt mit der Stadt der Liebe.
Vergleicht den Puff der Nation mit dem Viertel der Intellektuellen.
Für ihn hat der Kiez erst heute das richtige Flair.
Denn hier geht es schon längst nicht mehr nur um
„französische Betten" und „Pariser".
In den Freudenhäusern bestellen jetzt auch Künstler ihr Bett.
In Hamburg zieht es immer mehr Intellektuelle nach St. Pauli.
Hamburgs heiliges Herz? Montmartre?

You can see it on a bottle of Astra beer: The Heart of St. Pauli.
Here a good beer takes no more than 7 seconds.
Going along the Reeperbahn, with
a bottle in your hand, you follow
the streetwalkers.
They have always inspired.
They were the muses of the poets, painters and musicians, as
Herr Toboll reminds us,
a man who still has a soft spot in his heart for St. Pauli.
For him, it is holy: "Sacre cœur", he says
and in his thoughts goes up the stairs,
up to the church.
"Montmartre", he risks the comparison.
Compares the "Door to the World" with the "city of love".
Compares the nation's whorehouse with the intellectual's quarter.
For him, the "Kiez" finally has that certain flair. Because now
it is no longer just a question of
"French beds" or "French tickler".
Even artists come to the brothels now.
And more and more of Hamburg's intellectuals are moving to St. Pauli.
Hamburg's sacred heart? Montmartre?

Rudolf Toboll   1936 in Hamburg geboren, war von 1971 bis Ende 2000
Geschäftsführer für Marketing und Vertrieb der Bavaria St. Pauli
Brauerei GmbH

born in Hamburg in 1936, from 1971 until the end of 2000 General Manager
for marketing and sales of the Bavaria St. Pauli Brauerei GmbH

Sabine

Wer zeigt sich schon gerne verwundbar?
In Hamburg stellt man seine Achillesferse zur Schau:
Am Kiez kannst Du sterben.
Hier sind Aggressionen legal, das Leiden gewünscht,
und die Lust am Schmerz ist ein Bekenntnis.
In den Nächten entscheidet sich,
wer wen in die Knie zwingt,
wer die Macht hat und wer sich ohnmächtig hingibt,
denn das gehört zum Spiel.
Den Spieltrieb dürfen allerdings nur Erwachsene haben,
unter 18 läuft da gar nichts.
Jedenfalls nicht bei Sabine im „Café Sittsam".
Endlich normal sein, das können sie hier.
Und kommen im Fetisch-Outfit, in Lack und Leder,
geschnürt in der Corsage,
oder einfach nur in Handschellen.
Zum Spielen gehen sie brav nach hinten.
Jetzt aber bloß nicht zum Spielverderber werden,
hier gelten strenge Regeln.
Auch für Rechtsanwälte, Geschäftsführer und Manager.
Sie begehren Streckbänke, Strafböcke,
das Andreaskreuz und das Bondage,
Hauptsache: den devoten Part.
Ihr dominanter Partner behandelt sie liebevoll wie den letzten Dreck.
Das stärkt sein Selbstbewusstsein.
Manchmal - um drei Uhr in der Früh - spielt man auch vorne in der Bar
hinter zugezogenen Vorhängen.
Da wird jemand zum lebendigen Kleidungs„stück"
in der Garderobe befestigt und genötigt.
In einer lauen Sommernacht treibt es ein Pärchen vorm Laden.
Die Frau auf der Bank hebt erwartungsvoll ihren Hintern.
Ihr Partner bearbeitet sie lautstark von hinten, mit der Peitsche.
Das macht den Nachbarn wach,
er setzt sich gegenüber ans Fenster
und genießt die schöne Aussicht.
Klatsch, klatsch, so klingt der Kiez.
Klatsch klatsch, das ist kein Spiel: Die Erotik des Kiez tut weh.

Who likes to admit that they are vulnerable?
In Hamburg you put your Achilles heel on show:
You can die from the "Kiez".
Here aggression is legal, suffering desired,
and the lust for pain is a confession.
The night is the time to decide,
who forces whom to their knees,
who has the power and who surrenders themselves
because that's part of the game.
However, it is a game that only grown-ups can play,
If you are under 18, than it is strictly no go.
At least not in Sabine's "Café Sittsam".
Normal at last, they can be that here.
And come in a fetish outfit, in lacquer and leather,
tied up in a corselet,
or simply in handcuffs.
Well-behaved, they go to the back room to play.
Now don't be a kill-joy,
there are very stringent rules here.
They apply to lawyers, managers and executives too.
They covet the rack,
the St. Andrew's Cross and bondage,
the main thing: to be devote.
Their dominant partner treats them lovingly as a piece of dirt.
That builds up the self-confidence.
Sometimes - at three o'clock in the morning -
games are played up front, behind closed curtains.
Then someone is turned into a living piece of clothing,
hung up and coerced in the wardrobe.
On a warm summer's night a couple do it in front of the bar.
The woman on the bench expectantly lifts her ass.
Her partner goes at it loudly - from behind, with a whip.
That wakes up the neighbour,
who sits down at the window across the street
and enjoys the scene below.
Smack, smack, that is the sound of the "Kiez".
Smack, smack, that is not a game: The eroticism of the "Kiez" hurts.

Keine Angaben, das S M &Fetisch „Café Sittsam" gibt es zwar noch in Hamburg, aber nicht mehr auf dem Kiez

No information, The SM & Fetish "Café Sittsam" is no longer in the "Kiez"

Hans Henning Schneidereit

Immer lockt die verbotene Frucht. Der Apfel,
den man trotzdem begehrt und zu pflücken bereit ist. Für Eva.
Schneidereit holte die Äpfel doppelzentnerweise aus dem Alten Land,
um sie auf dem Schwarzmarkt zu verkaufen.
Doch für Eva war das nicht genug.
Sie ließ sich von den Matrosen auffordern,
die auf den Tanzböden das Geld nur so rauswarfen.
Also hieß es selbst zur See fahren.
Schneidereit brachte es bis zum Kapitän.
Und naschte an allen verbotenen Früchten der Welt.
In jedem Bordell, an jedem Finger eine Eva.
Dafür hat Schneidereit bezahlt.
Und wo er bezahlt, da will er was wiederhaben.
Die Lokalitäten, in denen er gerne soff,
die kaufte er sich.
Zeitweilig waren es acht an der Zahl.
Übrig blieb das „Safari".
Und Eva.
Schneidereit ist zweimal geschieden.
Seine Ehefrauen erwischten ihn grundsätzlich dabei,
wenn er dann doch wieder eine St. Paulianerin im Arm hielt.
Schließlich lebt Schneidereit nicht fürs Paradies.
Sondern für den Kiez.
Denn hier hat jeder Apfel seinen Preis,
und der geht auf Schneidereits Konto.

The eternal temptation of the forbidden fruit. The apple,
that you crave for anyway and are ready to pick. For Eve.
Schneidereit brought apples into the city, a hundred kilos at a time,
and sold them on the black market.
But that wasn't enough for Eve.
She let the sailors ask her for a dance,
sailors who threw their money around on the dance floor.
So the only choice was to go to sea.
Schneidereit made it all the way up to captain.
And tried all the different forbidden fruits of this world.
In every brothel, for every finger there was an Eve.
Schneidereit paid for that.
And when he pays, he wants to have something for his money.
The bars that he liked to drink in,
he bought them.
At one time he had eight of them.
"Safari" is the one that's left.
And Eve.
Schneidereit has been divorced twice.
His wives always caught him,
when he happened to have another lady from St. Pauli in his arms.
After all, Schneidereit isn't after his piece of paradise.
He lives for the "Kiez"
because here every apple has its price,
and that is paid into Schneidereit's account.

Hans Henning Schneidereit   alterslos, lebt seit 1946 in Hamburg, seit 1964 ist er Inhaber des Kiez-Etablissements „Safari"

ageless, in Hamburg since 1946, became owner of the bar "Safari" in 1964

Jeff Pierron

Vorhang auf für Schneewittchen:
die Haut weiß wie Schnee,
die Lippen rot wie Blut,
das Haar schwarz wie Ebenholz,
die Brüste schwer wie Blei –
und die Muschi: saftig wie Morast.
Schneewittchen im „Safari" weiß, was dem Publikum gefällt.
Hier wird Literatur kiezgerecht präsentiert.
Das Safari ist die einzige „Bühne" auf dem Kiez,
die Sex noch live bietet.
Monsieur Pierron ist der Regisseur im Safari.
Ihm geht es natürlich nur um die professionelle Inszenierung,
Sex ist für ihn nur das Mittel zum Zweck
und der Zweck heiligt die Mittel.
Hier Regie zu führen ist für ihn, so sagt der Märchenerzähler,
wie die Ausübung eines Priesteramtes.
Wenn er von seiner Nachbarin gefragt wird,
womit er sich denn eigentlich sein Geld verdiene –
dann flüstert Herr Pierron: „Isch bin Bordellbesitzer"
und lacht.
In der Fantasie ist schließlich alles erlaubt.
Herr Pierron ist einfach traumhaft.
Aber eins nimmt er ziemlich genau:
„Nur man selber weiß, was man wert ist."

Curtains up for Snow White:
skin as white as snow,
lips as red as blood,
hair as black as ebony,
breasts as heavy as lead –
and the pussy: juicy as a quagmire.
Snow White in the "Safari" knows what the audience likes.
Here literature is presented the way the "Kiez" wants it.
The Safari is the only "stage" in the "Kiez"
that still shows live sex.
Monsieur Pierron is the Safari's director.
The only thing that he is interested in is a professional production,
for him sex is just a means to an end.
And the end justifies the means.
For him, being the director here, so says the story teller,
is like being in the priesthood.
When his neighbours ask him,
how he earns his living –
then Mr Pierron whispers: "I own a brothel"
and laughs.
After all, in the world of fantasy everything is possible.
Mr Pierron is simply fantastic.
But there is one thing that he is very clear about:
"Only you know how much you are worth."

Jean François Pierron 1949 geboren, zog 1972 nach Hamburg, wurde 1976 Regisseur des Kiez-Etablissements „Safari" und ist seit 2000 Teilhaber

born 1949, moved to Hamburg in 1972, became director of the bar "Safari" in 1976 and co-owner in 2000

Ralph und Tania

Schwarze Stiefel, Lendenschurz,
den Lederpanzer fest auf die Brust geschnürt,
jetzt geht es um mehr als simples Schlachten.
Das Schauspiel des Todes ist reine Lust,
mit Ralph dem Gladiator.
Fehlt ihm nur Tania, mit der läuft das so nicht.
„Tania ist niemals Sklavin", sagt Ralph, plötzlich devot.
Beim Spielen selten dominant,
ist er ihr gerne hörig.
„Leck mir die Stiefel", sagt Tania, und Ralph leckt.
Weiche Peitschen knallen am lautesten.
Ralphs Schmerzenslaute sind fürs Publikum.
Er trägt sein Kreuz mit Fassung.
Wenn Tania ihn losbindet, sinkt er zu Boden, ganz gelöst.
Nur einige aus dem Publikum bemängeln:
Ralph hatte keinen Ständer, und auch Tania
wirkt nicht sonderlich befriedigt.
Dafür reicht es eben nicht, weiß Tania, das ist nur Show.
Die Wirklichkeit sieht anders aus:
Wenn die Rollläden vom „Touch" unten sind,
ist das ein Zeichen, dann stört sie keiner.
Jetzt öffnet sich Ralph Tania vollkommen
und Tania wendet sich ausschließlich Ralph zu.
So laut sie auch sein mögen, nun kommt es auf die leisen Töne an.
Ganz langsam verwandelt sich die „Bühne" in ihr Schlafzimmer.
Hier ist Ralph nicht mehr nur Tanias Sklave,
sondern ihr vertrauter Sklave.
Nur sie kennt ihn wirklich, wenn sie ihn erkennt:
in seinem Schmerz, in seiner Liebe.
Einer Liebe auf dem Kiez.
Die beiden haben letztes Jahr geheiratet.

Black boots, loincloth,
leather breastplate tied tightly to the chest,
now it is time for more than just simple butchering.
The drama of death is pure lust,
with Ralph the Gladiator.
The only thing he misses is Tania, she doesn't play along.
"Tania is never the slave", says Ralph, suddenly devote.
Rarely dominant when they play,
he enjoys listening to her commands.
"Lick my boots", says Tania, and Ralph licks.
Soft whips make the most noise.
Ralph's cries of pain are for the audience.
He carries his cross with equanimity.
When Tania unties him, he sinks to the ground, completely relaxed.
Only a few people in the audience complain:
Ralph didn't have a hard on, und Tania
didn't seem to be very satisfied either.
Tania knows that what they do on stage is not enough, it's only a show.
The reality is completely different:
When the shutters of the "Touch" are closed,
then it's time, then no one will bother them.
Now Ralph can open up to Tania completely
and Tania can concentrate only on Ralph.
As loud as they may be, now things depend on the finer points.
Very slowly the "stage" turns into their bedroom.
Here Ralph is no longer just Tania's slave,
but her intimate slave.
Only she really knows him, when she knows him:
in his pain, in his love.
A love in the "Kiez".
The two of them got married last year.

Ralph   1969 in Hamburg geboren **Tania**   geboren 1968 und seit 1996 in Hamburg, die beiden haben 2000 das SM-Studio „Touch" auf dem Kiez eröffnet

Ralph, born in Hamburg in 1969, Tania, born in 1968 and living in Hamburg since 1996, the two of them opened the SM-Studio "Touch" in 2000

Werner Helm

Der Kiez hat aus Werner Vera gemacht.
Und aus Vera wieder Werner.
Als Werner nach Hamburg kam, hatte er nichts.
Nur seinen jungen Körper als Kapital.
Und so einen Körper will der Kiez, aber nur mit Busen.
Den kann man sich spritzen lassen, schon heißt Mann: Vera.
Vera hat in etlichen Kneipen als Animierdame gearbeitet.
Werner tat alles für ihren Erfolg.
Werner hat sich nie als Frau gefühlt.
Aber Vera war beliebt.
Vera hat das Geld verdient.
Werner hat es versoffen.
Privat ging Vera Werner aus dem Weg.
Sie war mehr fürs öffentliche Leben.
Zu Hause trug Werner eine Bandage.
So konnte er Vera verdrängen.
Mit der Zeit wurde Vera älter.
Der Kiez hatte für sie nichts mehr übrig.
Das kam Werner entgegen.
Er hielt nichts davon zusammen alt zu werden.
Er wollte sich schon lange von Vera trennen.
Dafür lieferte er sie ans Messer.
Heute ist Werner Geschäftsführer einer ganz normalen Schwulenkneipe.
In seinem „Peerstall" fühlt er sich wohl.
Nur alte Bekannte erinnern sich manchmal noch an Vera.
Werner hat das schon fast vergessen.
Für Werner war das alles Vera.

The "Kiez" turned Werner into Vera.
And Vera back into Werner.
When Werner came to Hamburg, he had nothing.
His only asset was his young body.
And the "Kiez" wants a body like that, but only with breasts.
You can have those injected, and then already your name is: Vera.
Vera worked in many bars as a bar hostess.
Werner did everything for her success.
Werner never felt himself to be a woman.
But Vera was well loved.
Vera earned the money.
Werner drank it away.
In private, Vera tried to avoid Werner.
She was more for the public side of life.
At home Werner wore a bandage.
That way he could drive Vera away.
In the course of time Vera became older.
The "Kiez" wasn't interested in her any more.
That suited Werner just fine.
He wasn't interested in growing old together.
He had already wanted to end his relationship with Vera for a long time.
He let her run right into the knife.
Today Werner is manager of a completely normal gay bar.
He feels at home in his "Peerstall".
Only old friends sometimes remember Vera.
Werner has almost completely forgotten her.
As far as Werner is concerned, that was all just Vera.

Werner Helm   1952 geboren, zog 1971 nach Hamburg, ist seit 1998 Besitzer des Schwulentreffs „Toom Peerstall"

born in 1952, moved to Hamburg in 1971, owner of the gay bar "Toom Peerstall" since 1998

Olivia Jones

Es gab auch eine Zeit vor Olivia.
Da nannten sie Oliver Mausi,
denn er kam im Fummel zur Schule.
Heute verkleidet sich Oliver nicht mehr,
stattdessen verpuppt er sich lieber.
Aus dem seidigen Kokon steigt Olivia empor,
bunt wie ein Schmetterling.
So liebt es Olivia mit Männern zu flirten,
dazu bedient sie sich Olivers Stimme.
Dabei steht ihm die offensive Anmache gar nicht.
Letztendlich geht nicht Olivia mit den Männern ins Bett,
sondern im Zweifelsfall Oliver. Das sorgt für klare Verhältnisse.
Seit Olivia sich als bekannteste „Drag Queen" Deutschlands entpuppt hat,
sieht man sie nur noch selten auf dem Kiez,
wo ihre Karriere begann.
Oliver hingegen trifft man oft,
er wohnt seit 2 1/2 Jahren in St. Pauli.
Etwa zweimal die Woche geben Oliver und Olivia sich hier
die Klinke in die Hand, sie wirft sich bei ihm in Schale.
Dafür stellt er ihr ein Zimmer zur Verfügung,
20 Quadratmeter für ihre bunten Kostüme.
Oliver hingegen besitzt nur ein paar Hemden und Jeans,
alle mausgrau.
Manchmal, ganz selten,
sieht Olivers Freund einem Auftritt zu.
Dann erscheint ihm Oliver als Olivia,
und Oliver fühlt sich kompromittiert.
Denn so hat noch keiner ihn zu Gesicht bekommen:
Vor den Augen seines Freundes ist er plötzlich
nackt.

There was a time before Olivia.
Back then they called Oliver "Mausi",
because he came to school in drag.
Today, Oliver doesn't dress up any more,
instead he pupates,
and Olivia arises out of the silken cocoon,
as colourful as a butterfly.
That is the way Olivia likes to flirt with the men,
and for that she uses Oliver's voice.
Mind you, the hard come on doesn't really suit him.
When you come right down to it, it's not Olivia who goes to bed with men.
If someone does, then it is Oliver. That keeps things straight forward.
Since Olivia has turned out to be the best known "Drag Queen" in
Germany, you rarely see her in the "Kiez",
there where her career began.
Oliver, on the other hand, is around a lot,
he has been living in St. Pauli for 2 1/2 years.
About twice a week Oliver and Olivia meet here in passing
she uses his place to get dressed up.
He gives her a room just for that,
20 square metres for her colourful costumes.
Oliver, on the other hand, only has a few shirts and jeans,
all of them mousy grey.
Sometimes, very rarely,
Oliver's friend watches one of his performances.
Then Oliver appears in front of him as Olivia,
and Oliver feels compromised.
Because no one has ever seen him like that:
Seen through the eyes of his friend he suddenly seems
naked.

Oliver Knöbel 1970 geboren, seit 1988 auf dem Kiez, arbeitet seit 1988 als "Drag Queen" Olivia Jones

born in 1970, in the "Kiez" since 1988, has been working as "Drag Queen" Olivia Jones since 1988

Hermann Nädele

Mitten in der Stadt gibt es ein altes Dorf: St. Pauli.
Mitten im Dorf die alte Schenke,
in der man sich seit Generationen trifft.
Elfi ist alleine, Rosis Mann in Spanien
und der von Heidi fährt zur See –
erzählt Renate.
Die vier Frauen kommen regelmäßig in den „Windjammer".
Hier feiern sie ihre Familienfeste:
Geburtstag, Weihnachten und Silvester.
Wenn Hermann ein neues Gesicht im Windjammer
willkommen heißt, sagt er nur:
„Ich bin Hermann", dann kommt man wieder.
16 kg hat er verloren, in den letzten Monaten.
Das Familienoberhaupt gönnt sich trotz Krebs
keine Ruhe.
Anstatt sechs Wochen zur Kur zu fahren,
muss Hermann hinterm Tresen stehen.
Die Menschen hier halten ihn nun mal am Leben.
Wie stark die Familienbande ist,
das spürt auch die behinderte Tochter von Renate.
Der tut auf dem Kiez keiner was.
Denn jeder weiß,
sie ist im Windjammer daheim,
und Familie Windjammer steht zusammen.
Mitten auf dem Kiez hat Alt-St. Pauli ein Zuhause.

In the middle of the city there is an old village: St. Pauli.
In the middle of the village the old pub,
where people have met for generations.
Elfi is alone, Rosi's husband in Spain
and Heidi's is a sailor –
says Renate.
The four women regularly meet in the Windjammer.
Here is where they have their family celebrations:
Birthdays, Christmas and New Year's.
When Hermann welcomes a new face to the "Windjammer"
he simply says:
"I am Hermann", then the people come back again.
He has lost 16 kg in the past few months.
The head of the family doesn't allow himself to slow down,
despite the cancer.
Instead of taking a break, going to a Spa for six weeks,
Hermann has to stand behind the bar.
It's the people here that keep him alive.
The strength of the family ties,
Renate's handicapped daughter notices it too.
Nobody in the "Kiez" would ever do her any harm.
Because everyone knows,
her home is the Windjammer,
and the Windjammer family sticks together.
Right in the middle of the "Kiez", the old St. Pauli has a home.

Hermann Nädele 1941 geboren, 2002 gestorben, H. Nädele kam 1971 nach Hamburg und wurde Besitzer der Kiezkneipe "Windjammer", die heute von seiner Frau Monika Nädele weitergeführt wird

born in 1941, died 2002, H. Nädele came to Hamburg in 1971, owner of the pub "Windjammer", which today is run by his wife Monika Nädele

Erika Klüver

„Das Herz von St. Pauli" ist mehr als der Titel eines Filmes.
Es gehört zum Leben von Hein Klüver
und wurde zum Schicksal seiner Frau.
„St. Pauli, da können wir uns trennen, da geh' ich nicht hin",
sagte die Berlinerin zu ihrem Mann.
Dann folgte Erika Klüver doch ihrem Herzen und zog mit ihm.
Gemeinsam eröffneten sie mitten auf dem Kiez ein Lokal
und tauften es: Das Herz von St. Pauli,
sechs Monate später starb Hein Klüver.
„Das Herz von St. Pauli schlägt nicht mehr", hieß es damals,
so herzlos war der Kiez zu Erika Klüver.
Er ließ ihr kaum Zeit Schwarz zu tragen.
Stattdessen krempelte sie die Ärmel hoch
und arbeitete, oft bis morgens um vier.
Tagsüber warteten noch die Kinder auf sie
und abends begann alles von Neuem.
„Das wünsche ich meinem ärgsten Feind nicht",
erinnert sich Erika Klüver,
die vierzig Jahre hinter dem Tresen stand,
und das für nichts und wieder nichts.
Die letzte Mieterhöhung war endgültig zu viel,
da hieß es: Ladenschluss.
Das Herz von St. Pauli hat Erika Klüver zwar verloren,
doch sich selbst konnte sie etwas bewahren:
Sie hat ihre Liebe zu St. Pauli entdeckt
und will dort für immer bleiben.

The Heart of St. Pauli is more than just the title of a film.
It is a part of the life of Hein Klüver.
And it became the his wife's fate.
"St. Pauli, then we have to get divorced,
there is no way I am going there",
said the woman from Berlin to her husband.
Then Erika Klüver listened to her heart and went with him.
Together they opened a pub right in the middle of the "Kiez"
and they called it: "The Heart of St. Pauli".
6 months later, Hein Klüver died.
"The heart of St. Pauli has stopped beating", is what they said,
that's how heartless the "Kiez" was to Erika Klüver.
They barely gave her any time to wear black.
Instead, she rolled up her sleeves
and started working, often until four in the morning.
During the day her children needed her attention
and in the evening it started all over again.
"It is something that I wouldn't even wish upon my worst enemy",
Erika Klüver recalls
who stood behind the bar for forty years,
and all for nothing.
The last time they raised the rent it was simply too much,
there was nothing left to do but close the place down.
Erika Klüver lost "The Heart of St. Pauli",
but she managed to keep her own heart:
She has found her love for St. Pauli and wants to stay there forever.

Erika Klüver 1924 geboren, kam 1950 nach Hamburg, 1961 eröffneten die Klüvers das Kiezlokal „Das Herz von St. Pauli", Ende 2001 gab Erika Klüver das Geschäft ab

born 1924, came to Hamburg 1950, 1961 the Klüvers opened the pub "Das Herz von St. Pauli", at the end of 2001 Erika Klüver sold the pub

Crazy Horst

Da draußen auf dem Kiez bist du wer,
für die anderen.
Hier drinnen kannst du das vergessen,
und das liegt an Horst.
„Geh mal zu Horst",
die Frauen schicken ihre Männer zu ihm, die Männer ihre Frauen.
Denn Horst ist die Mutter des Kiez,
vielleicht auch der Beichtvater oder der gute Onkel.
Bei ihm legt man seine Rolle an der Garderobe ab,
hier zeigt man sich „ungeschminkt".
Hier ist der Exhibitionist einfach nur nackt
und Domenica eine Frau wie jede andere.
Selbst Brad Pitt wird zum durstigen Nachbarn, Horst
macht eben jeden zu einem Teil der großen Familie.
Wenn es bei Horst gegen Morgen intim wird,
zieht er die Vorhänge zu,
jetzt wird bis zum Abend weitergetrunken.
Man redet sich das Herz auf die Zunge
und die Seele vom Leib,
so kommt bei Horst der Kiez nach Hause.
Ganz ehrlich spielt hier für alle nur einer eine Rolle:
Horst.

Outside, in the "Kiez", you're a somebody,
in the eyes of the others.
In here you can forget all that,
thanks to Horst.
"Go to Horst",
the women send their men, the men send their women.
Because Horst is the mother of the "Kiez",
and perhaps the confessor or the good uncle too.
When you come to Horst,
you leave the roll you play hanging in the wardrobe,
here you show the person underneath the mask.
Here the exhibitionist is simply a naked person
and the famous dominatrix Domenica is a woman like any other.
Even Brad Pitt is just another thirsty customer, Horst
makes everyone a part of the one big family.
In the early hours, if things start to get intimate,
Horst simply closes the curtains,
then the drinking continues until nightfall.
You wear your heart on your sleeve and talk all your troubles away,
that's how the "Kiez" comes home to Horst.
There is only one person here who plays an important role:
Horst.

Horst-Volker Schleich   1944 geboren, zog 1966 nach Hamburg, seit 1974 ist er Geschäftsführer der Bar „Crazy Horst"

born 1944, moved to Hamburg in 1966, since 1974 the manager of the bar "Crazy Horst"

Helga

So wie Helga schnackt, so schnackt der Kiez:

„Da flogen manches Mal die Fetzen. Man hat ihr das Zeugs vom Leib gerissen, einer, die anschaffen ging. Die wollte ans Telefon und so, aber kann ich doch nicht machen. Kann ihr doch kein Telefon geben, Hilfe rufen, oder was. Um Gotteswillen, ich hab gesagt, ich hab kein Telefon . . .

. . . da flogen manches Mal die Stühle und Teller. Will eine mal schnell ‚ne Wurst und Pommes holen – was sie an und für sich ja nicht darf, wenn sie anschafft, dann darf sie von drüben nicht weg. Kommt die also rüber . . .

. . . und eine andere sieht das, die neidisch ist, oder was, auf den Freund oder den Zuhälter, was weiß ich. Die verpfeift sie an den Zuhälter und der Zuhälter kommt rüber . . .

. . . die Gäste stehen am Tresen, ganz anständig. Und dann mischen sie sich ein, sagen zum Zuhälter: "Was soll das? Was willst du denn?" Und der Zuhälter: „Was soll das? Was mischt ihr euch dazwischen?" Bums, war die Keilerei da . . .

. . . was soll ich da machen? Ich hab gar nichts gesagt."

Wenn der Kiez das Maul hält, dann schweigt auch Helga.

The way Helga chats, is the way the "Kiez" chats:

"Sometimes the sparks really flew. They ripped the threads right off her, one of the ones who worked. She wanted to use the phone, but I can't let her do that. Can't give her the phone. Call for help, or what. My God, I said I don't have a phone …

… there've been many times when the chairs and plates went flying. A girl wants to get a sausage and chips - something she can't do when she's working, then she can't leave her spot. So, she comes on over …

… and another girl sees it, and maybe she's jealous or something, jealous about her boyfriend or pimp, what do I know. So she squeals on her and the pimp comes over …

… the guests are standing at the counter, no problems. And then they get involved and say to the pimp: "What're you doing? What's the matter?" And the pimp: "What's it to you? Why are you getting involved?" An then bang, there was a fight …

… what should I've done? I didn't say anything."

When the "Kiez" keeps its mouth shout, then Helga does too.

Helga Fieth 1932 in Hamburg geboren, hat 35 Jahre im „Express-Imbiss" auf dem Kiez gearbeitet

born in Hamburg in 1932, worked for 35 years in the fast food "Express-Imbiss"

Willi Bartels

Was wäre ein König ohne sein Königreich?
Da wären Kronprinz, Bismarck, Eden,
Stuttgarter Hof, Boccaccio, Senator und Interrast
aber auch die Große Freiheit 10, 11, 14, 16, 36,
dazu 100, 200, 400, mehr als 650 Wohnungen,
als Krönung das Schmidts Tivoli und noch viel mehr.
Das ist ein Imperium, das Immobilien-Imperium von Willi Bartels.
Er regiert es vom deftigen, dunklen Eichentisch aus,
vom Stammtisch in seiner Residenz „Hotel Hafen Hamburg".
Aber seinen Titel „König von St. Pauli" verpasste ihm der Volksmund erst,
als Willi Bartels den modernsten Puff Europas baute.
Die Idee für das Eros Center kam damals nicht von ihm,
aber das passende Grundstück für das Projekt,
das Prostituierte von der Straße holen sollte.
Im Oktober 1966 war Grundsteinlegung.
Die Kapelle spielte „Wir winden den Jungfernkranz",
und der Segensspruch lautete „Alles Liebe und Gute für jeden,
der hier einkehrt". Trotz guter Wünsche
hat das Lust-Etablissement nicht lange überlebt.
Es fiel der allgemeinen Krise im Rotlichtmilieu zum Opfer
und was übrig blieb, ging ans Sozialamt.
König von St. Pauli? „Ich bin kein König", behauptet Willi Bartels.
Dass die St. Paulianer ihn einst zu ihrem König erklärt haben,
war vielleicht weniger eine Frage des Besitzes,
es war eine Frage des Einsatzes.
So wurde, von Willi Bartels angeregt,
auch die Interessengemeinschaft St. Pauli e. V. gegründet,
die sich um aktuelle Themen rund um den Kiez kümmert.
Und heute ist Willi Bartels viel mehr als ein König.
Er ist für die St. Paulianer zu einem der ihren geworden.

What is a king without his kingdom?
Well, there is real estate such as the Kronprinz, Bismarck, Eden,
Stuttgarter Hof, Boccaccio, Senator and Interrast
but also the Große Freiheit 10, 11, 14, 16, 36,
and in addition 100, 200, 400, more that 650 apartments,
and Schmidts Tivoli as the crown jewels - and much, much more.
That is an empire, the real estate empire of Willi Bartels.
He rules from behind a solid, dark-oak table,
his base in his Residenz Hotel Hafen Hamburg.
But his popular title as the "King of St. Pauli" was only pronounced,
when Willi Bartels opened up the most modern brothel in all of Europe.
The idea for the Eros Center wasn't his,
but he had the right piece of property for the project,
that was meant to take the prostitutes off the streets.
The foundation stone was laid in October 1966.
The band played "We are making the bridal bouquet",
and the blessing was "Love and all good things for all those
who enter here".
Despite the wishes, the establishment did not last long.
It became a victim of the general crisis in the red light environment
and the rest went to the social security office.
King of St. Pauli? "I am not a king", claims Willi Bartels.
The fact that the people of St. Pauli once declared him to be their king,
was not so much a question of possession,
but rather a question of commitment.
Willi Bartels encouraged the founding
of the "Interessengemeinschaft St. Pauli e. V."
which looks after current problems throughout the "Kiez".
And today Willi Bartels is much more than a king.
For the people of St. Pauli he has become one of their own.

Wilhelm Bartels 1914 geboren, lebt seit 1927 in Hamburg, ist Besitzer zahlreicher Immobilien auf dem Kiez, wie z.B. des „Hotel Hafen Hamburg"

was born in 1914, has been living in Hamburg since 1927, owns many pieces of real estate in the "Kiez" such as the "Hotel Hafen Hamburg"

Jürgen Zismer

Ein Polizist auf St. Pauli ist sein eigener Herr.
Denn hier lässt sich vieles auf kurzem Dienstweg
erledigen und zurechtschreiben.
Doch auch diese große Freiheit kennt Prinzipien.
Kein Polizist darf Geld annehmen
oder sich mit einer Prostituierten einlassen,
und das, meint Zismer, sind die Versuchungen des Kiez.
Zismer hat sich ihnen mit Leidenschaft gestellt.
In seinen zehn Jahren als Zivilfahnder
kannte er jede Prostituierte mit Namen,
das waren, betont er mit Stolz, immerhin „2000 bis 3000 Stück".
Er wusste, wann eine Prostituierte reif war
für den Verrat an ihrem Zuhälter.
Dann war sie auch reif für Zismer,
dann kam sie zu ihm aufs Zimmer. Nur zu ihm.
Und ließ sich zu einem Lippen-Bekenntnis verführen.
Sein Spezialgebiet waren nicht nur Prostitution und Zuhälterei.
Auch das verbotene Glücksspiel bot seinen Reiz.
Dafür hat er sogar Theater gespielt.
Auch das gehörte zu seiner Rolle.
Im Operettenhaus ließ er sich schminken.
Mit Oberlippenbart gab er einen Türken.
So tauchte er als „falscher Fuffziger" in den Spielhöllen auf
und gewann Vertrauen.
Im entscheidenden Moment tauschte er seine Spielmarke
mit der Kripomarke, jetzt hieß es nur noch „rien ne va plus":
Hände hoch und nicht bewegen.
38 Spielcasinos hat Zismer so aufs Kreuz gelegt.
Zismer wurde nicht nur auf dem Kiez geboren,
er ist der geborene Kiez-Polizist.
Der Vorzeigepolizist von der „Davidwache".

A policeman in St. Pauli is his own boss.
Here many things can be dealt
with unbureaucratically.
But even this freedom has its principles.
A policeman can never accept money
or get involved with a prostitute,
and those things, says Zismer, are the temptations of the "Kiez".
Zismer stood up to the temptations with passion.
In his 10 years as a plain clothes policeman
he knew every prostitute by name,
and that, he says with some pride, means "2000 to 3000 bits of data".
He knew when a prostitute was ready to betray her pimp.
Then she was also ready for Zismer,
then she came to his office. Only to him.
And she let herself be seduced into making a statement.
His expertise did not just cover prostitution and pimping.
Illegal games of chance were also alluring.
He even did some acting for that.
That too belonged to the roll he had to play.
In the opera house he let them put on make-up.
With a moustache he played the part of a Turk.
So, himself a "counterfeit", he dived into the world of gambling joints
and won trust.
At the right moment he exchanged his chips with his badge,
and then it was "rien ne va plus":
Hands up and don't move.
Zismer knocked out 38 illegal gambling operations.
Zismer wasn't just born in the "Kiez",
he is the born "Kiez" policeman.
The exemplary policeman from Hamburg's most famous police station,
the "Davidwache".

Jürgen Zismer 1942 auf St. Pauli geboren, seit 35 Jahren Polizist auf der „Davidwache", davon 15 Jahre Bürgernaher Beamter

born 1942 in St. Pauli, for 35 years policeman stationed at the "Davidwache", of that 15 years on street patrol

Günter

Auch wenn Günter jetzt allein die Verantwortung trägt
für „Die älteste Tätowierstube in Deutschland" auf dem Kiez –
seinen Onkel wird er nicht mehr los,
der ist ihm unter die Haut gegangen.
Mit Tattoos muss man vorsichtig sein, weiß Günter
und trägt seine Tätowierung unter dem geschlossenen Hemd,
wie ein geheimes Mal, denn Tattoos sind Zeichen.
Kennzeichen der Seefahrer, Stigmen der Verbrecher,
Schmuck der Adeligen.
Im Dritten Reich verboten,
in der DDR als Körperverletzung verurteilt,
in Deutschland heute in Mode.
Tätowierungen wurden zu jeder Zeit begehrt und abgewiesen.
Sie verlangen nach einem Bekenntnis:
Günters Onkel war am ganzen Körper tätowiert,
er wollte tätowierte Körper.
Gleichgesinnte schaffen,
das war es, was zählte und Geld brachte.
Günter tätowiert nicht um jeden Preis, für ihn gelten andere Werte.
So passt nicht jedes Tattoo zu jedem Kunden
und nicht jedes Tattoo neben ein anderes.
Es gehört auch nicht jedes Tattoo an jede Stelle des Körpers,
nicht jede Stelle des Körpers gehört tätowiert und erst recht nicht
jeder Körper.
Günter kennt Tabuzonen –
und das auf dem Kiez und seinem Onkel zum Trotz.

Even if Günter is now the man in charge
of Germany's oldest tattoo studio – located right here in the "Kiez"
he will still never be able to get rid of his uncle,
his uncle got under his skin.
You have to be careful with tattoos. Günter knows that
and keeps his tattoos hidden under his buttoned up shirt,
like a secret mark, because tattoos are a sign.
The mark of a sailor, stigma of a criminal,
ornament of the aristocrat.
Forbidden in the Third Reich,
condemned in the GDR as bodily harm,
a style statement in today's Germany.
Tattoos have always been coveted and rejected.
They force you to take a stand:
Günter's uncle had tattoos all over his body,
he wanted tattooed bodies.
Creating people of the same belief,
that was what counted and brought in the cash.
Günter doesn't tattoo at all costs, he has a different set of values.
Not every tattoo fits every client
and not every tattoo beside another one.
Not every tattoo can be put on every part of the body,
not every part of the body is suitable for a tattoo,
and certainly not every body.
Günter has taboos –
and that despite the "Kiez" and despite his uncle.

Günter Götz   geboren 1954, zog 1984 nach Hamburg, hat 1984
„Die älteste Tätowierstube in Deutschland" von seinem Onkel Herbert
Hoffmann übernommen

born 1954   moved to Hamburg in 1984, took over "Die älteste
Tätowierstube in Deutschland" (The oldest Tattoo Studio in Germany)
from his uncle Herbert Hoffmann in 1984

Uwe Christiansen

Weg vom grellen Licht
weg von der Nervosität
weg von der Lautstärke –
drei Minuten weit weg von der Reeperbahn
gibt es ihn: Den gepflegten Drink des Kiez,
sein Publikum und dessen Barkeeper.
Der erinnert sich gerne an seine Zeit auf der Queen,
dem „renommiertesten Kreuz- und Linienfahrer der Welt".
Denn an Bord dieses Schiffes lernte Uwe Christiansen
genau die Gäste kennen, die er als Barmann liebt.
„Sie reklamieren sofort, wenn der Gimelet ein halbes Grad zu kalt ist,
sie jaulen, wenn dem Manhattan ein Tröpfchen Angostura fehlt, sie
bekommen Migräne, wenn der Zuckerwürfel im Champagnercocktail
nicht amerikanischer Norm entspricht."
Seitdem sitzt Uwe Christiansens Krawatte immer richtig
und sein Zopf ist jetzt ab. Mit „Christiansen's Fine Drinks & Cocktails"
wurde er bewusst zum stilvollen Außenseiter auf dem Kiez.
Im Windschatten der Reeperbahn, ganz nah an der Elbe,
bietet er seinen Gästen einen sicheren Hafen.
Hier kann man ruhig stranden –
für einen Aperitif vorm Kiezgang
oder einen Absacker danach –
um echtes Kiezgarn zu spinnen und von den
„Abenteuern und Heldentaten zur Reeperbahn" zu berichten.
Drei Minuten von der Reeperbahn entfernt
wird der Kiez zur Erzählung.

Away from the bright lights
away from the nervousness
away from the noise –
three minutes away from the Reeperbahn
there it can be found: the well-tendered drink in the "Kiez",
its customers and its barkeeper.
He likes to think back to the time he spent on the Queen,
the "most famous cruise and regular service ship in the world".
On board that ship Uwe Christiansen got to know
exactly the kind of guests that he, as a barman, loves.
"They complain right away, if the Gimelet is half a degree too cold,
they howl, if there is a drop of Angostura missing in the Manhattan,
they get migraines, if the sugar cube in the Champaign Cocktail
doesn't conform to the American norm."
Since that time, Uwe Christiansen's tie is always perfectly tied
and his ponytail is gone. With "Christiansen's Fine Drinks & Cocktails"
he knowingly became a stylish outsider in the "Kiez".
In the lee of the Reeperbahn, very close to the Elbe,
he offers a secure harbour for his guests.
Here you can safely run aground –
for an aperitif before you cruise the "Kiez"
or for your nightcap afterwards –
so that you can tell your tall tales of your night in the "Kiez"
and about your "adventures and heroic deeds on the Reeperbahn".
Three minutes away from the Reeperbahn
the "Kiez" is nothing but a story.

Uwe Christiansen   1959 geboren, lebt seit 1971 in Hamburg, war bis 1997 Barchef im „Angie's Nightclub", hat 1997 die Bar „Christiansen's Fine Drinks & Cocktails" eröffnet

born in 1959, moved to Hamburg in 1971, was head barman in "Angie's Nightclub" until 1997, opened the Bar "Christiansen's Fine Drinks & Cocktails" in 1997

Nachwort

Frauke Tuttlies: *Henning, kannst du dich noch an deine erste Begegnung mit der Reeperbahn erinnern?*

Henning Retzlaff: Das allererste Mal auf St. Pauli war ich in der Ritze. Da war ich 14 oder 15. Ich bin nach Hamburg getrampt, gleich auf die Reeperbahn und ab in die Ritze. Dort hab ich eine Cola bekommen und wurde - als die Pornos kamen - gleich wieder rausgeschmissen. Das Geld für die Cola haben sie mir aber noch abgeknöpft.

Frauke Tuttlies: *Du bist 1985 nach Hamburg gezogen . . .*

Henning Retzlaff: . . . genau, die erste WG lag damals gleich in der Clemens-Schultz-Straße. Gegenüber vom Peerstall. Da bin ich früher regelmäßig versackt. Mein erstes Fotostudio habe ich dann auch in St. Pauli eröffnet. In der Gegend, in der das alte Erotic Art Museum war. Ich habe aus dem Studio hinten auf die Bordelle gekuckt. Das war schon spannend.

Frauke Tuttlies: *Was genau hat dich denn an St. Pauli gereizt?*

Henning Retzlaff: Das Verbotene, das Kriminelle, die Halb- und Schattenwelten. So eine geballte Ladung Nachtleben verspricht manches Abenteuer. Mich hat die Lockerheit und Offenheit dieses Viertels beeindruckt. Was aber mein Interesse Fotos zu machen geweckt hat, waren vor allem die Gespräche. Kneipenunterhaltungen oder der Schnack auf der Straße.

Frauke Tuttlies: *Dann waren es vor allem die Geschichten der Leute, die hier leben, die dich fasziniert haben?*

Henning Retzlaff: Es ging mir nicht um die „Anwohner" von St. Pauli, nicht um die Menschen, die hier einfach nur leben. Über die ist schon viel geschrieben worden, über St. Pauli gibt es einige Fotobände. Mich interessierten vor allem die Menschen, die St. Pauli zu dem gemacht haben, was es heute ist. Die Hoteliers, Kneipen- und Bordellbesitzer, die Prostituierten, Tänzer und Künstler, die es aktiv mitgestalten und diese für St. Pauli so typische Atmosphäre schaffen. Die wollte ich vor die Kamera bekommen.

Frauke Tuttlies: *Die wirst du aber nicht alle in den Kneipen oder auf der Straße kennen gelernt haben, oder?*

Henning Retzlaff: Ich bin Mitglied der „IG ST. Pauli" geworden. Dort habe ich Kontakte geknüpft und wurde weitergereicht, weiterempfohlen. So konnte ich nach und nach immer mehr Menschen kennen lernen. Das Schwierige: Die meisten haben sich zwar gerne und sehr offen mit mir unterhalten, waren aber lichtscheu, wollten nicht vor die Kamera. Mit einigen habe ich erst zehn Mal telefoniert. Und dann sind sie doch nicht zum vereinbarten Fototermin erschienen.

Frauke Tuttlies: *Wie lange hast du an deinem Kiez-Projekt gearbeitet?*

Henning Retzlaff: Keine Ahnung. Eigentlich seitdem ich in Hamburg bin. Mit den Fotografien für das Buch habe ich dann ungefähr vor drei Jahren begonnen. Es ging alles sehr langsam voran. Aber es braucht eben sehr lange, sich den Zugang zum Milieu zu erarbeiten. Und ich wollte ja auch keine schnelle Geschichte. Ich bin kein Fotograf, der aufschlägt, mal eben ein Bild macht und wieder verschwindet. Ich habe mich mit den Leuten auseinander gesetzt.

Frauke Tuttlies: *Wie sah diese Auseinandersetzung in der konkreten Fotosituation aus?*

Henning Retzlaff: Ich habe versucht eine Atmosphäre zu schaffen, in der sich diejenigen, die ich fotografiert habe, wohl fühlen konnten. In der sie Vertrauen entwickelten und bereit waren sich zu zeigen. Ich habe sie nie groß beeinflusst, was die Bilder anging. Ich habe Ihnen vorgeschlagen, dass ich sie an ihrem Lieblingsplatz portraitiere. Der Ort, der zu ihnen passt und den sie am meisten mit St. Pauli verbinden. In der Regel war das dann ihr eigener Laden.

Frauke Tuttlies: *Deine Bilder zeigen also beides: Eine Atmosphäre, die typisch ist für den Kiez und den Menschen, der diese Atmosphäre mitgestaltet, der sich mit ihr identifiziert.*

Henning Retzlaff: Ja, wobei ich alles auf das Portrait konzentriere, von dem nichts ablenken soll. Nicht mal die Farben. Das macht die Bilder für mich realistisch.

Frauke Tuttlies: *Dann steht im Mittelpunkt immer der Einzelne. Und das Drumherum, der Kiez, unterstreicht nur seine Aussage?*

Henning Retzlaff: Seine Aussage über den Kiez.

Frauke Tuttlies: *Seine Aussage über sich selbst.*

Henning Retzlaff: Sicher, auch. Schließlich haben alle Portraitierten die Bilder von sich gesehen und dazu ja gesagt. Ich wollte diese Offenheit, ich wollte, dass sie Einblick in meine Arbeit haben - und auf den Bildern so erscheinen, wie sie gesehen werden möchten. Ich finde, aus den Bildern lässt sich viel herauslesen. Zum Beispiel die Pose, die jeder Einzelne für sich wählt. Allein daran kann man schon eine Menge erkennen und sich selber ein Bild machen. Deine Texte unterstreichen das ja noch.

Frauke Tuttlies: *Wie man's nimmt. Ich habe diejenigen, mit denen ich gesprochen habe, gebeten mir ihre persönliche Geschichte zum Kiez zu erzählen. Jede Geschichte sollte eine andere Perspektive zeigen. Aus den Geschichten habe ich kurze Portraits entwickelt, die meine Gesprächspartner aber nicht nur so spiegeln, wie sie sich darstellen. Sondern meine Sicht der Dinge zum Ausdruck bringen. Denn ich war nicht immer überzeugt von dem, was ich zu hören bekam. Und ich wusste, dass mir nicht nur Wahrheiten offenbart wurden, und dass ich längst nicht alles wissen durfte. Oft wollten meine Gesprächspartner auch, dass ein Teil dessen, was sie mir anvertraut hatten, nicht veröffentlicht wurde. Und die meisten von ihnen bestanden darauf, ihr Portrait gegenzulesen. Was ich im Gegensatz zu dir am liebsten vermieden hätte. Also habe ich begonnen zwischen den Zeilen zu schreiben. Und Portraits entwickelt, die unter der glatten Oberfläche mehrdeutig erscheinen, Hintertürchen öffnen, kritisch hinterfragen und dazu anregen, die eigene Fantasie spielen zu lassen. Meine Texte unterwandern die Aussage deiner Bilder also auch. Und ergänzen sie.*

Epilogue

Frauke Tuttlies: *Henning, do you remember the your first time on the Reeperbahn?*

Henning Retzlaff: The first time I was ever in St. Pauli I went into the pub "Ritze". I was 14 or 15 at the time. I hitch-hiked to Hamburg, went straight to the Reeperbahn and right into the Ritze. They gave me a coke and then – when the pornos started – threw me out. But they made sure they collected the money for the coke.

Frauke Tuttlies: *You moved to Hamburg in 1985 . . .*

Henning Retzlaff: . . . right. My first shared flat was on Clemens-Schultz-Straße. Right across from the "Peerstall". I spent many a late night drinking there. I also opened my first photo studio in St. Pauli. In the area where the old Erotic Art Museum was located. I looked out of the studio's back windows and right onto the brothels. And that certainly was interesting.

Frauke Tuttlies: *What was it about St. Pauli that got you hooked?*

Henning Retzlaff: The forbidden, the criminal element, the fringes, the shadows. An explosive load of night life that holds the promise of adventure. I was impressed by how relaxed and open things were. But it was the conversations I had that awoke my interest in taking photos. Sitting in a bar and talking or listening to the talk on the street.

Frauke Tuttlies: *So it was above all the stories of the people who live here that fascinated you?*

Henning Retzlaff: I wasn't interested in the "residents" of St. Pauli, it wasn't the people who just live here. A lot has already been written about them, there are lots of books with pictures of St. Pauli. I was interested in those people that have made St. Pauli what it is today. The hoteliers, bar and brothel owners, the prostitutes, the dancers and artists who put their stamp on St. Pauli and create the typical St. Pauli atmosphere. Those are the people I wanted to get in front of the lens.

Frauke Tuttlies: *But certainly you didn't get to know all these people on the street or in the bars?*

Henning Retzlaff: I became a member of "IG ST. Pauli" I picked up lots of contacts there and was then passed on to others, was recommended. That way I got to know more and more people. The hard part was that most of them were more than willing to talk to me and talk to me quite openly, but they were very reserved when it came to pictures, they didn't want to stand in front of the camera. Some I had to phone ten times. And even then they didn't show up for the shooting.

Frauke Tuttlies: *How long did you work on this project?*

Henning Retzlaff: Don't know. I guess ever since I've been in Hamburg. I started working on the actual pictures in this book about three years ago. Everything went very slowly. It takes a long time to get into the scene. And a fast story was not what I was looking for. I'm not the kind of photographer that pops up, shoots a picture and then disappears. I got to know the people.

Frauke Tuttlies: *What did that mean for the actual photo shoot?*

Henning Retzlaff: I tried to create an atmosphere in which the people could feel comfortable, in which they could develop a feeling of trust, where they were ready to show themselves. I never tried to influence them as far as the pictures are concerned. I suggested that the photos be taken in their favourite place, the place that fits them and that they think of when they think of St. Pauli. Usually that ended up being their own place of business.

Frauke Tuttlies: *So your pictures show both: an atmosphere that is typical for the "Kiez" and people who create the atmosphere and identify themselves with it.*

Henning Retzlaff: Yes, whereby I concentrated on the portrait so that nothing distracts from them. Not even the colours. For me, that makes the pictures realistic.

Frauke Tuttlies: *Then it is always the individual that is at the centre of attention. And the surroundings, the "Kiez", only underscores the statement they are making?*

Henning Retzlaff: Their statement about the "Kiez".

Frauke Tuttlies: *Their statement about themselves.*

Henning Retzlaff: Sure, that too. After all, all the people who have been portrayed have seen the pictures and have given their okay. I wanted that kind of openness, I wanted them to have an insight into my work - and to appear in the pictures the way they wanted to appear. I think you can get a lot out of these pictures. For example, the pose that a person chose to take. Even from that you can come to understand a lot about the person and make up your own mind. Your texts support that.

Frauke Tuttlies: *Depends on how you see it. I asked the people I interviewed to tell me their personal story about the "Kiez". Every story was supposed to show a different perspective. From these stories I developed short portraits that do not just reflect the way these people want to show themselves. They also express my view. I wasn't always convinced by what I heard. And I knew that I was not just being told the truth and that I was by no means allowed to know everything. Often the people did not want parts of what they told me to be published. And most of them insisted that they have the right to proof-read the portraits. Something that I, in contrast to you, would have liked to avoid. So I started to write between the lines. And to develop portraits that, under their smooth surface, show their ambiguity, that leave the back doors open, that ask questions and animate the reader to let their own fantasy play along. So in part, my texts subvert your pictures. And support them.*

Impressum | Colophon

Herausgegeben von | Published by
Henning Retzlaff
Frauke Tuttlies

Texte | Texts
Frauke Tuttlies
www.frauke-tuttlies.de
info@frauke-tuttlies.de

Fotos | Photos
Henning Retzlaff
Tel. +49(0)40/31 03 67
www.h-retzlaff.de
foto@h-retzlaff.de

Übersetzung | Translation
Otto von Dehn
ovdehn@snafu.de

Gestaltung | Design
Klaus-Peter Plehn
Kerber Verlag Bielefeld

Gesamtherstellung | Production
Kerber Verlag, Bielefeld

US Distribution
D.A.P., Distributed Art Publishers Inc.
155 Sixth Avenue 2nd Floor
New York, N.Y. 10013
Tel. 001 212 6 27 19 99
Fax 001 212 6 27 94 84

Printed and published by
Kerber Verlag, Bielefeld/Leipzig
Windelsbleicher Str. 166–170
D-33659 Bielefeld
Tel. +49 (o) 5 21/9 50 08 10
Fax +49 (o) 5 21/9 50 08 88
www.kerberverlag.com

© Kerber Verlag, Bielefeld, the Artists
and the Authors

ISBN 3-938025-25-5

Printed in Germany